AF242740

LA PRESSE

SON ROLE ET SES DEVOIRS

LETTRE A UN JOURNALISTE

PAR

Le Vicomte HÉLION DE BARREME.

PARIS

CHARLES DOUNIOL, LIBRAIRE – ÉDITEUR

29, RUE DE TOURNON.

—

1868.

Mon cher Ami,

Vous êtes un homme nouveau dans l'acception la plus distinguée; votre nom est vierge de toute renommée, et votre main qui va se lever pour combattre ne s'est jamais levée pour jurer.

A l'âge où l'on choisit, vous avez élu une cause vaincue, désertée par la fortune et les courtisans de la fortune : cette générosité vous a conquis l'estime de plusieurs sans que vous vous soyez inféodé à personne, et vous n'avez jamais rien promis à ceux mêmes qui comptent le plus sur vous. Profitez donc de cette entière indépendance pour servir largement et utilement le pays. C'est dans la Presse que vous croyez pouvoir le faire d'une manière plus efficace; ce ne sera certes pas moi qui vous dirai, comme Philippe : « *Alexandre, cherche un royaume plus* « *digne de toi !* »

Bien au contraire.

Nul n'a une si haute idée de la Presse que

moi qui crois à la grandeur de son rôle, parceque je comprends l'inviolabilité de ses droits, mais surtout l'étendue de ses devoirs.

En elle les vaincus de notre temps trouvent un asile qui manquait à ceux d'autrefois ; grâce à elle, leur main désarmée retient une arme loyale pour en appeler, sur un champ de bataille pacifique, des injustices et des ingratitudes de la destinée. Quand la liberté Romaine, défaite à Pharsale, recevait le coup mortel, dans la curie où une hypocrite clémence amnistiait la fidélité courageuse de Ligarius ; quand le monde subjugué absolvait, par ses applaudissements, César sorti par un coup de main de la légalité dans laquelle il rentrait de par la victoire ; quand les grands citoyens se taisaient, quand la populace séduite relevait les statues sanglantes du vieux Marius ; quand tour à tour les institutions les plus sacrées : le Consulat, la Censure, le Tribunat défilaient humiliés devant le triomphateur insolent du droit, déposant à ses pieds leur indépendance et leur honneur; quand Cicéron, pleurant la majesté violée du Sénat et de la magistrature, retrouvait quelques suprêmes accents de son éloquence oubliée pour s'écrier : « *Que ferais-je dans le Forum et dans la Curie* « *qui soit digne de moi ?..* (1)

(1) Extincto enim sènatu, deletisque judiciis, quid est, quod dignum nobis aut in Curiâ aut in Foro agere possimus ? *De officiis*, lib. III, 1.

Dans ce naufrage public des garanties, des cœurs, des consciences, il ne restait plus au citoyen que l'obéissance ou le crime; son glaive, brisé à Munda, devenait fatalement la hache servile d'un licteur de César ou le poignard coupable que Cassius sortait de dessous sa toge aux Ides de Mars. Peu d'hommes étaient assez patients pour vivre comme Cicéron, ou assez désespérés pour mourir comme Caton !

A nous, mieux partagés, il nous reste la Presse! C'est une place de résistance digne de nous, de notre cause, de nos amis. Dans les traverses contemporaines, la Presse est le Bourges de la liberté ; elle offre à chacun l'appui de la protestation de tous; elle retient les triomphateurs, elle soutient les vaincus, elle est l'auxiliaire de tous ceux qui combattent sans passion pour le bien du pays, et la condamnation de tous ceux qui servent sans pudeur ni scrupule pour leur sûreté ou leur intérêt.

Ce grand et utile rôle de la Presse, tous ne le comprennent pas ; de là ces abandons imprudents, qui découragent les feuilles indépendantes déjà fondées, et ces nonchalances coupables que rencontrent à leur début les feuilles à fonder.

Plus sage, vous avez compris que l'abdication des libertés privées et des libertés publiques ne peut jamais sauver une société; plus prévoyant, vous ave pressenti que ceux qui veulent se garer de la dictature aussi bien que de la révolution ont l'impérieux et politique devoir de soutenir et de rajeunir la Presse.

C'est pourquoi vous allez fonder un journal.

Quoique très-jeune, je me suis fait, depuis longtemps, dans le commerce des hommes et des choses, un large et généreux idéal d'une feuille publique :

Etre un terrain neutre sur lequel toutes les opinions honnêtes puissent se serrer loyalement la main ;

Professer un respect inviolable pour les personnes, — car nul ici-bas n'est infaillible en politique, — et garder sa sévérité pour les actes coupables et peu patriotiques ;

Accorder l'hospitalité à toute opinion respectable ;

Accepter l'attaque et la défense avec le même empressement et la même impartialité ;

Maintenir fièrement sa polémique sur des hauteurs inaccessibles aux passions, aux préjugés et aux personnalités. En s'élevant, les opinions se réunissent sans se confondre :

> « .... *Minimas rerum discordia turbat*
> *Pacem summa occupant* .... »

Garder pieusement le culte de ses affections, se livrer passionnément à cet irrésistible attrait qui entraînait Caton vers les causes vaincues, mais chercher avant tout ce qui est droit et utile à la patrie;

Défendre partout et toujours ce qui est juste; prêter le secours de sa voix à tout opprimé, sans regarder à son drapeau;

Se garder soigneusement de ces deux excès : applaudir toujours et siffler toujours; servir fidèlement et sans défiance cette vraie liberté que Mirabeau a si magnifiquement définie :

« La liberté consiste à faire tout ce qui ne nuit pas aux autres ; l'exercice des droits naturels de l'homme n'a de borne que celles qui assurent aux autres membres de la société la jouissance des mêmes droits. »

Savoir s'honorer également et de ses haines et de ses amitiés ! Voilà mon idéal, voilà quel devrait être, selon moi, le programme d'un journal.

A votre place, je n'en aurais pas d'autre.

Mon journal serait avant tout Français, et il aurait pour rôle naturel d'être le gardien susceptible et vigilant de la dignité de la France à l'extérieur et de sa liberté à l'intérieur. Permettez à mon amiié de vous dire mes opinions sur les moyens à employer pour remplir entièrement et glorieusement ce rôle généreux, et enfin sur vos devoirs vis-à-vis du gouvernement du pays et sur les devoirs du gouvernement envers vous, ou, en termes moins ambitieux, sur vos devoirs et vos droits vis-à-vis du gouvernement établi.

I.

Vous réaliserez le programme que je vous ai timidement indiqué plus haut, par une grande et absolue indépendance, une intelligente tolérance, un ardent amour de la justice et un patriotisme éclairé.

L'indépendance vis-à-vis du gouvernement vous sera facile. Les sacrifices qu'elle impose, sont de ceux qu'un homme de cœur accepte aisément ; mais il est une autre indépendance plus amère et plus douloureuse : c'est celle à garder en face des amis politiques. Elle oblige parfois à étouffer de chères amitiés, de vieux souvenirs , à se séparer de frères d'armes à côté desquels on avait rêvé de combattre jusqu'à la mort, à s'élever au-dessus de leurs passagères injustices. Quand vous aurez successivement défendu le principe d'autorité contre les excès de la licence et la liberté contre l'arbitraire, alors vous saurez comme moi au prix de quelles épreuves on achète une indépendance absolue.

Ne vous inféodez surtout à personne. Les vaincus eux aussi ont leurs flatteurs, et souvent même ils deviennent les courtisans et les serviteurs de la popularité. Vous, mon ami, n'oubliez à aucun prix le noble et fier conseil de Mirabeau :

« Vous ne devez pas élever des autels à la popularité

comme les anciens à la terreur, et lui im molant vos opinions et vos devoirs, tâcher de l'apaiser par de coupables
sacrifices ».

Vous pouvez prétendre à une popularité
moins fragile, solidement assise sur l'estime,
l'honneur et l'indépendance, en donnant pour
limites inviolables et à votre hostili té et à votre
dévouement les frontières naturelle s de la conscience. Que vous importe si votre impartialité
vous attire les rancunes coalisées de tous ceux
qui veulent tyranniser l'opinion publique, soit
comme oppresseurs, soit comme opprimés!

Ne soyez le serviteur de personne ni par vos
paroles ni par votre silence.

Vous qui désirez servir utilem ent les intérêts
religieux, conservateurs et libéraux , refusez
impitoyablement votre complicité silencieuse
au clergé, au gouvernement et à l'opposition,
s'ils viennent à s'écarter de ce qui est droit.

Ne demandez jamais au pouv oir que la
justice ; ses faveurs vous rendraient dépen-
dant ou ingrat, et jamais il ne pourrait rien
vous donner en échange de la satisfaction
sereine du devoir accompli. Ah! mon ami,
vivez sans remords et sans regrets : un homme
d'honneur doit se garder des remords, un
homme politique doit se préserver des regrets;
et pour ce, l'un et l'autre doivent lutter sans
defaillance jusqu'au bout. Combattez pour le

pays et ayez confiance en lui si vous voulez qu'il ait confiance en vous.

Je vous exhortais plus haut à une grande tolérance. Elle consiste à traiter ses adversaires avec sérieux et respect et à n'engager avec eux que des discussions utiles. La France, — trop de journalistes semblent l'avoir oublié, — la France n'est pas un cirque et nous ne sommes pas des gladiateurs destinés à amuser le public. Nous devons vouloir, pour nos adversaires, ce que nous demandons pour nous et nos alliés.

Votre tolérance, toutefois, ne doit pas être de l'indifférence. Tout n'est pas également bon, mais tout ce qui n'est pas dangereux a le droit indiscutable d'exister paisiblement. Je ne vous dirai jamais : ramenez votre drapeau; mais je vous dirai toujours : oubliez le drapeau qui abrite celui qui réclame légitimement votre appui pour défendre le droit atteint en sa personne.

Que votre tolérance ne soit non plus faiblesse ni insensibilité ! Pardonner n'est pas oublier. Gardez toujours une certaine pudeur dans vos pardons politiques. Devant certains oublis publics, je crois voir Thémistocle serrant la main d'Eurybiade encore armé du fameux bâton.

Que votre discussion grave et modérée ne laisse à personne le droit de dire de vous, comme Tacite de Cassius Sévère : « Il ne

combat pas, il querelle (1) ». Ne perdez jamais
de vue la règle admirable de polémique que
trâce le même auteur dans le même ouvrage:
« La première loi de la discussion est d'exprimer
le jugement de son esprit sans préjudice des
sentiments de son cœur (2) ». Soyez plein de
déférence quand votre plume rencontre un nom
illustre. Ceux-là méprisent la vertu qui ne
respectent pas la gloire. Ah ! n'imitez jamais ces
écrivains qui se font un sauvage passe-temps
de jeter l'injure aux lions morts et aux lions
vieillis ; qui traitent Lamartine comme ils
auraient traité Homère ou le Tasse, et croient
se grandir en outrageant notre grand et vieux
Berryer, dont la toge couvrit toutes les infor-
tunes illustres de ce siècle agité.

Je comprends, pour les avoir ressenties, les
haines vigoureuses et les colères généreuses.
mais je ne saurais trop condamner les haines
dangereuses et les colères maladroites.

Publiciste sérieux , n'imitez jamais ces
hommes dont parle Cicéron, qui « blessent
souvent ceux qu'ils auraient le devoir de
respecter et souvent même ceux qu'ils auraient
intérêt à ménager (3) ». Cet immortel homme

(1) « *Non pugnat, sed rixatur* ». (de oratoribus XXVI.)

(2) « *Hanc esse ejusmodi sermonum legem, judicium animi,
citra damnum affectus proferre* ». (de oratoribus XXVII.)

(3) « *Sæpe enim aut eos lædunt, quos non debent ; aut
eos quos non exspedit* ». (de off.).

d'Etat ajoute que « s'ils agissent ainsi par nadvertance, ce sont des négligents, si de propos délibéré, des téméraires (1) ».

Je cite souvent Cicéron, ce n'est pas chez moi engouement d'historien pour son héros, c'est estime profonde et raisonnée, car nul mieux que lui n'a tracé les devoirs élevés de la vie publique ! Notre objectif doit être de mériter l'éloge sobre mais profond qu'il faisait d'un illustre Romain : « *Non ponebat enim rumores ante salutem* ».

Le salut de la France d'abord, et ensuite les soins ambitieux de la renommée !

Votre souci constant doit être encore la justice. Ah ! mon ami, que la justice est une belle et noble chose ! C'est un arbre du ciel oublié sur la terre et qui, comme l'aloès, ne fleurit pas souvent : tant que la conscience du genre humain supporte le règne insolent de la force heureuse et croit aux vertus hypocrites des violents, non-seulement ce généreux arbuste ne montre pas ses fleurs, mais il cache aussi profondément ses racines et rien ne peut l'arracher ! La justice ! Tout ce qu'il y a en moi de chrétien, de Français et de libéral s'attendrit à ce seul nom ! Dieu m'est témoin, si je sacrifiais autant de vies que j'ai de membres pour doter mon pays d'une garantie, d'une loi, avec la certitude qu'un jour,

____

(1) « *Si imprudentes negligentiæ est ; si scientes temeritas* ».

trois siècles après ma mort, elle protégera un citoyen obscur et nouveau contre une injustice, victime volontaire et satisfaite, j'accepterais la mort avec la joie tranquille de celui dont le passage n'a pas été maudit de Dieu ni indifférent à l'honneur et à l'intérêt de son pays.

La liberté, l'honneur, la justice sont indivisibles comme l'air, et impartiaux comme la lumière qui éclaire tout et ne distingue pas ; je ne vous dirai jamais : soyez juste sans discernement, mais je vous dirai sans cesse : soyez juste sans distinction ! Que ce soit par la bouche d'un Jésuite ou d'un Brahme que la faiblesse meurtrie appelle: Au secours ! répondez, sans regarder : Me voilà.

La massue de Tamerlan se durcit sur les crânes qu'elle brise ; ne laissons donc opprimer personne : d'oppression en oppression notre tour viendrait, car la violence retombe tôt ou tard et sur celui qui la commet et sur celui qui la tolère.

Je comprends le journaliste, comme Mirabeau comprenait le législateur : « *oser être grand, savoir être juste !* » Ne l'oubliez pas, la justice est non - seulement une vertu qui demande de la force, c'est aussi une science à acquérir.

Votre journal doit encore professer un patriotisme éclairé, l'opposé de ce patriotisme insensé qui jette un pays dans les guerres aventureuses d'où il sort toujours avec quelques impôts de plus en cas de défaite, et quelques libertés de moins en cas de victoire. Aggravation des charges publiques ou aggravation des servitudes publiques et la liberté égorgée sur l'autel de la victoire, voilà les résultats de ce patriotisme commode aux dictateurs et encouragé par les serviteurs ! Le patriotisme dont je parle est viril et intelligent : il s'oppose aux guerres d'ambition ou aux guerres faites uniquement pour distraire le pays des grand soucis de la liberté à reconquérir ; mais aucun sacrifice ne lui semble trop grand pour soutenir les guerres d'honneur. Quel admirable spectacle que celui offert à l'histoire par un grand peuple entreprenant une grande guerre pour ne pas laisser impunie l'injure d'un petit citoyen.

Ce fut l'auguste prestige des vieux Romains, le seul qui survécut, avec leur Capitole, à leur liberté et ne les abandonna qu'aux portes de Byzance et à l'aube deshonorée du Bas-Empire. Notre immortelle voisine, cette Angleterre qui rachète ses injustes et étroits préjugés par les plus magnifiques institutions libérales, a ramené dans sa politique extérieure cette fierté susceptible et patriotique, et le fils de la Grande-Bretagne, plus heureux que nous, peut parcourir le monde, son drapeau à la main, appuyé par la diplomatie et par les flottes de sa reine.

Être de libres citoyens en France et des voyageurs respectés en Italie, en Europe, dans le monde, voilà ce que notre patriotisme demande, voilà ce qu'il depend de nous d'obtenir.

Vous montrerez aussi votre patriotisme par votre zèle à concilier tout ce qui n'est pas irréconciliable, à réunir pour la défense de la société menacée tous les éléments honnêtes et conservateurs. Ecoutez, mon ami, ce que disait devant le barreau de Toulouse, réuni pour le fêter, ce Berryer qui, quoique un contemporain, est pour nous un orateur antique :

« J'ai traversé trop d'événements, pour ne pas mesurer dans ma vie combien il faut être ménager d'accusations envers ceux dont le temps et la politique nous ont séparés ».

Et je suis heureux d'unir mes applaudissements à ceux dont l'assemblée d'élite qui se pressait à l'Academie Française, le jour de sa réception, couvrait ces belles paroles de M. Cuvillier-Fleury :

« Quelles que soient les distances qui nous séparent, ménageons-nous, respectons-nous, pour notre commune dignité, les uns les autres ! Aucun pacte avec cet étroit égoïsme des pensées cupides ! La main tendue à tout drapeau libre et sans tache ! Le présent est toujours plein de passions ; il n'est jamais si loin qu'on le croit des généreux accommodements ».

Voilà ce que votre journal devra s'efforcer de

ménager : *les généreux accommodements* entre toutes les opinions honnêtes.

Nous-même, il y a deux ans, dans le vaillant journal *la Gazette du Midi*, sur la tombe à peine fermée de la veuve de Louis-Philippe, nous faisions un appel, non pas à la confusion, mais à la fusion des partis monarchiques :

« Sur une tombe fermée bien des mains peuvent se rencontrer sans qu'aucune se soit tendue la première. Des hauteurs sereines de la mort, ne voyons que ce qui nous réunit et jamais ce qui nous divise ; car en présence des tentatives révolutionnaires, il n'est pas trop de l'union loyale de tous les éléments conservateurs pour la paix de la nation et la sécurité du pouvoir ».

(Gazette du Midi, 10 avril 1866).

Dans le même journal, nous rendions au *Phare de la Loire* de Nantes, ce témoignage que nous sommes heureux de lui rendre aujourd'hui:

« Le *Phare de la Loire* n'appartient pas à ce parti, exclusivement démocratique, qui n'aime la liberté qu'à la condition de s'en faire le gendarme, et qui ne voit dans l'arbre de la liberté qu'un bâton pour assommer ses adversaires. Dans un camp opposé, nous sommes heureux de rendre témoignage au libéralisme intelligent, indépendant, consciencieux de ce journal et de lui souhaiter la bienvenue, aujourd'hui qu'il reprend ses publications ». *(Le Phare reparaissait après une suspension de deux mois, que lui avait valu son zèle dans les élections générales).*

II.

Un mot maintenant sur les devoirs et les

droits de la Presse vis-à-vis du gouvernement du pays. Si j'écrivais à un puissant, je lui parlerais surtout des droits inaliénables des vaincus ; j'écris à un vaincu, je vais indiquer avant tout leurs devoirs.

Montaigne dit quelque part que l'enfance doit regarder en avant et la vieillesse en arrière. Je serais tenté de dire : les vaincus doivent regarder en avant et les vainqueurs en arrière. Les uns doivent se souvenir qu'ils ont été vaincus, et les autres prévoir qu'un jour peut-être ils seront vainqueurs. La défaite n'est persistante non plus que la victoire : songez que la France peut un jour vous appeler à la gouverner, et prenez garde de fournir à l'avance des armes contre vous à ceux qui ne manqueraient pas alors de retourner sur les bancs de l'opposition qu'ils ont quitté seulement pour celui de ministre.

Un jour, dans un autre pays, je disais à un ministère oppresseur :

« Vous n'êtes pas assurés d'avoir enchaîné pour toujours les caprices de la fortune ; prenez garde que vos excès et vos oppressions n'apprennent, un jour, à vos triomphateurs comment on opprime les vaincus ». *(Unità cattolica, 14 juin 1864, protestation au sujet de la détention arbitraire du Cardinal de Angelis.)*

Aujourd'hui, m'adressant à vous, jeune héritier d'une défaite que vous n'avez pas subie, je vous dis : Songez que vous po ez être un jour vainqueur, et ne demandez aux gouvernants actuels que ce que vous pourriez leur accorder s'ils devenaient vos gouvernés.

Imitez ces hommes que, dans un toast, le prince qui devait plus tard les emprisonner proclamait : « *déterminés, malgré leurs convictions, à respecter les institutions de leur pays* », et auxquels l'Empereur a sans doute continué son estime, alors surtout que leur respect à ces mêmes institutions brisées les a fait lui refuser courageusement leur appui.

Prenez garde que votre opposition ne devienne une œuvre de destruction. Ce souci prévoyant ne devrait pourtant pas vous empêcher de faire au pouvoir une opposition vigilante, raisonnable et raisonnée, loyale et habile. Une telle opposition est bonne surtout pour le gouvernement. Dans notre pays qui, depuis soixante ans, en a tant renversés, pas un seul n'est tombé sous les coups de l'opposition, mais sous le propre poids de ses erreurs, avec la complicité funeste d'une majorité dont la dernière unanimité a invariablement proclamé la déchéance et un gouvernement provisoire.

Oui, il avait bien raison, l'homme illustre que j'appellerais volontiers le Démosthène du bon sens, quand il proclamait du haut de la tribune du Corps Législatif cette grande vérité :

« Il faut des résistances respectueuses accompagnées

d'un sincère dévouement. On ne peut pas rendre au chef de l'Etat de plus grand service que de lui résister dans certaines occasions ». *(Discours de M. Thiers au Corps législatif, 9 juillet 1867).*

L'opposition est le frein salutaire qui retient le char de l'État sur les pentes dangereuses ; c'est elle, c'est son ombre même indécise qu force Octave à se dérober derrière Auguste aux haines de la postérité révoltée, tandis que l'adulation des majorités satisfaites livre le fils de Germanicus aux vengeances de l'histoire désabusée, sous le nom de Caligula.

Si jamais, — ce qu'à Dieu ne plaise, — les événements et mon pays me ménageaient la lourde responsabilité du pouvoir, je me troublerais, devant l'absence absolue d'opposition, à l'involontaire souvenir des silences terribles, interrompus seulement par les cris mystérieux qui présagent à Virgile la mort de Jules César !

Les gouvernements se perdent qui refusent d'entendre la vérité, mais les citoyens sauvent leur honneur en la disant.

Il est patriotique et généreux de dire la vérité, fût-ce même à la veille des catastrophes inévitables ! Qu'importe que notre voix soit méconnue !

Tôt ou tard le poëte ou l'historien sauvera de l'oubli le conseil inécouté par les contemporains de Laocoon, et la postérité, attentive à une tradition transmise à voix basse, saura le

nom de celui dont la sagesse entendue aurait
sauvé la patrie.

« Et si fata deum si mens non lœva fuisset
« Trojaque nunc stares, Priamique arx alta maneres !»

Tout chef d'Etat éclairé sur ses propres intérêts, doit désirer sincèrement trouver en face de
lui un des vaillants issus de cette génération
droite bénie par les livres saints *« generatio
rectorum benedicetur »*, quelque loyal contra-
dicteur qui leur répète sans fatigue ces utiles
vérités qui, acceptées, soutiennent les trônes,
et, étouffées, les renversent !

Eh bien ! c'est le vrai rôle, c'est le grand
devoir d'un journal patriote. Ecrivain indépendant, consciencieux et libéral, n'assumez jamais
la redoutable responsabilité de vous taire
devant les fautes publiques; quand l'avenir du
pays est engagé, le silence cesse d'être respec-
tueux pour devenir criminel !

Jusqu'à cette heure on a dit aux rois : N'ac-
cordez que ce que vous ne pourrez pas refuser;
écrivain conservateur, dites-leur, au contraire,
de ne refuser que ce qu'ils ne pourront absolu-
ment pas accorder.

Voici mon programme, voici comment je
comprends le rôle d'un journal à fonder et son
attitude à l'endroit et de la liberté et de l'autorité.

Acceptez, mon ami, avec indulgence ces sim-

ples paroles sans prétention, de la part d'un
jeune conscrit qui, à l'âge où l'on s'exerce à
peine au maniement des armes, combattait déjà
sans gloire mais non sans péril : si je n'étais ni
acclamé ni couronné, j'étais blessé !

Bien jeune, trop jeune même, le flot des événements me jeta sur le rivage où se jouaient la
fortune, la liberté et l'avenir de la France. Alors
tous, ou presque tous, mesuraient leur servilité à
la hauteur de leur position (1), tous ou presque
tous jetaient au gouvernement nouveau les per-
nicieux conseils du plus lâche des courtisans de
Tibère : « que la première condition du pouvoir
est de se passer de tout contrôle (2) » ; l'Église de
France elle-même, à part quelques voix illustres
et suspectes, ne rendait pas d'autre oracle !

Grâce à de vieilles traditions, enfant, nous
eûmes le bonheur, singulier à cette époque, de
garder la fierté de notre âme et la fidélité de
notre culte, alors que nos contemporains effrayés
jettèrent la liberté à la mer comme un dangereux
et compromettant fardeau. Les vagues nous la
rapporteront un jour, et, revenus des terreurs de
nos aînés nous la recevrons comme un trésor per-
du et retrouvé ; déjà nous pouvons la voir qui s'a-
vance portée sur l'écume blanchissante de l'Océan

____

(1) « *Quanto quis illustrior tanto magis falsi ac festi-
nantes* ». (Tacite.)

(2) « *Eam conditionem esse imperandi, ut non aliter ratio
constet quam si uni reddatur* ». (Tacite.)

cette chère liberté, moderne Iphigénie sacrifiée
à l'ambition par la pusillanimité.

Les lâches vous diront de la méconnaître et
de la fuir comme un ami suspect pour vous
rallier aux enfants chéris de la victoire et de
la fortune ; les cupides courtisans de la force
heureuse ajouteront que la liberté, idole muette,
n'a désormais plus rien à offrir à ses adorateurs
en échange de leur culte !

Quoique déterminé à l'aimer pour elle-même
et à m'attacher obstinément à ses autels mau-
dits et désertés, j'ai cru, moi aussi, le service de
la liberté ingrat et stérile jusqu'à ce jour que je
n'oublierai de ma vie, où il me fut donné d'as-
sister au triomphe d'un de ses plus fiers tenants
qui, soldat depuis trente-sept ans, n'a pas vieilli,
mais a grandi sur ses champs de bataille.

C'était à Malines : cinq mille voix ou plu-
tôt cinq mille cœurs acclamaient l'absent
regretté, que M. de Falloux appelait en un vrai
et équitable langage : « *ce vaillant Montalem-*
bert ».

Jamais manifestation publique ne m'avait plus
ému ; je m'enivrais de ces acclamations popu-
laires, je trouvais une satisfaction d'honneur et
de justice dans cet hommage rendu au grand
libéral, quand Dieu ajoutait à sa gloire et à ses
épreuves le sceau immortel de ces grande
douleurs qui sont presque toujours ici-bas la
couronne des grandes vertus. Cet enthousiasme

spontané s'adressait à l'infatigable et désinté-
ressé serviteur de la justice et de la liberté, qui
ne compta jamais le péril ni la peine pour ré-
pondre à l'appel de ces deux impérissables
sœurs. Le premier de son sang dont le glaive
n'a pas brillé au soleil de la victoire, sa plume
ne resta jamais au fourreau devant un droit
violé ou délaissé : en France les libertés politiques et religieuses, en Suisse le droit, en Italie
l'ordre et l'humanité, en Pologne l'indépendance;
la foi et la dignité eurent en lui un chevalier
passionné et passionnant.

Et maintenant ce preux de la tribune, cet in-
vincible vaincu des garanties supprimées est encore le vaincu patient de la maladie.

En attendant l'heure où il se relèvera de ces
deux défaites, pour montrer à la France et au
monde que les forts grandissent dans les épreuves, si les applaudissements d'un jeune homme
admirateur des mâles courages et des fiers
talents, ne lui semblent pas trop indignes de
lui, je confie à ces pages le soin de les lui ap-
porter ! Puisse-t-il les accueillir comme un
écho affaibli de cette belle assemblée qui, en le
saluant du nom de « vaillant », parlait le langage
de la postérité.

Quant à vous, mon ami, en évoquant pour
vous le souvenir généreux de ce triomphe de la
vraie popularité, j'espère vous donner un attrait
vers la vie publique où vous voulez entrer et

une force contre ses entraînements, ses tentations et ses mécomptes

A votre tour, méritez que vos concitoyens se découvrent un jour devant vous et applaudissent même votre absence.

Gardez le droit magnifique de pouvoir toujours, quelle que soit votre fortune et quels que soient vos adversaires, leur dire avec le grand orateur qui vient de se révéler (1) : « Vous pouvez nous frapper, mais vous ne pourrez jamais ni nous déshonorer, ni nous abattre ».

Et pour ce, demeurez fidèle à la liberté jusqu'à votre mort comme un Grec des Thermopyles, ou jusqu'à la sienne, comme cet inflexible Romain, la plus honnête figure des derniers jours de la République, auquel un grand poëte prête cette grande parole :

« . . . . *tuumque.*
« *Nomen, libertas, et inanem proséquar umbrar* ».

Le nom de la liberté est toujours une puissance, et son ombre même une auréole !

Helion De BARREME.

(1) M. Gambetta, avocat de M. Delescluze *(Affaire de la Souscription Baudin)*.

Marseille. — Typ. V⁰ Marius OLIVE, rue Paradis, 68.